eビジネス新書

No.333

週刊東洋経済

新幹線VS.
エアライン

週刊東洋経済 eビジネス新書 No.333

新幹線 VS. エアライン

本書は、東洋経済新報社刊『週刊東洋経済』2019年11月2日号より抜粋、加筆修正のうえ制作しています。情報は底本編集当時のものです。(標準読了時間 90分)

新幹線 VS. エアライン 目次

全国「新幹線 VS. エアライン」勢力図

日本航空（JAL）による羽田－伊丹－福岡便、羽田－千歳便の就航（1951年）が、戦後初となる国内定期旅客運航だ。対する新幹線は64年の東京－新大阪間に始まり、北海道から鹿児島まで路線網を広げ、航空機からシェアを奪っている。

次の地図の円グラフは新幹線を中心とした、主要区間における鉄道と航空の年間利用者数の比較だ。新幹線で直結しない東京－札幌間、新幹線では所要時間が約5時間となる東京－福岡間は航空のシェアが高いが、それ以外の多くの区間で新幹線が航空を上回る。

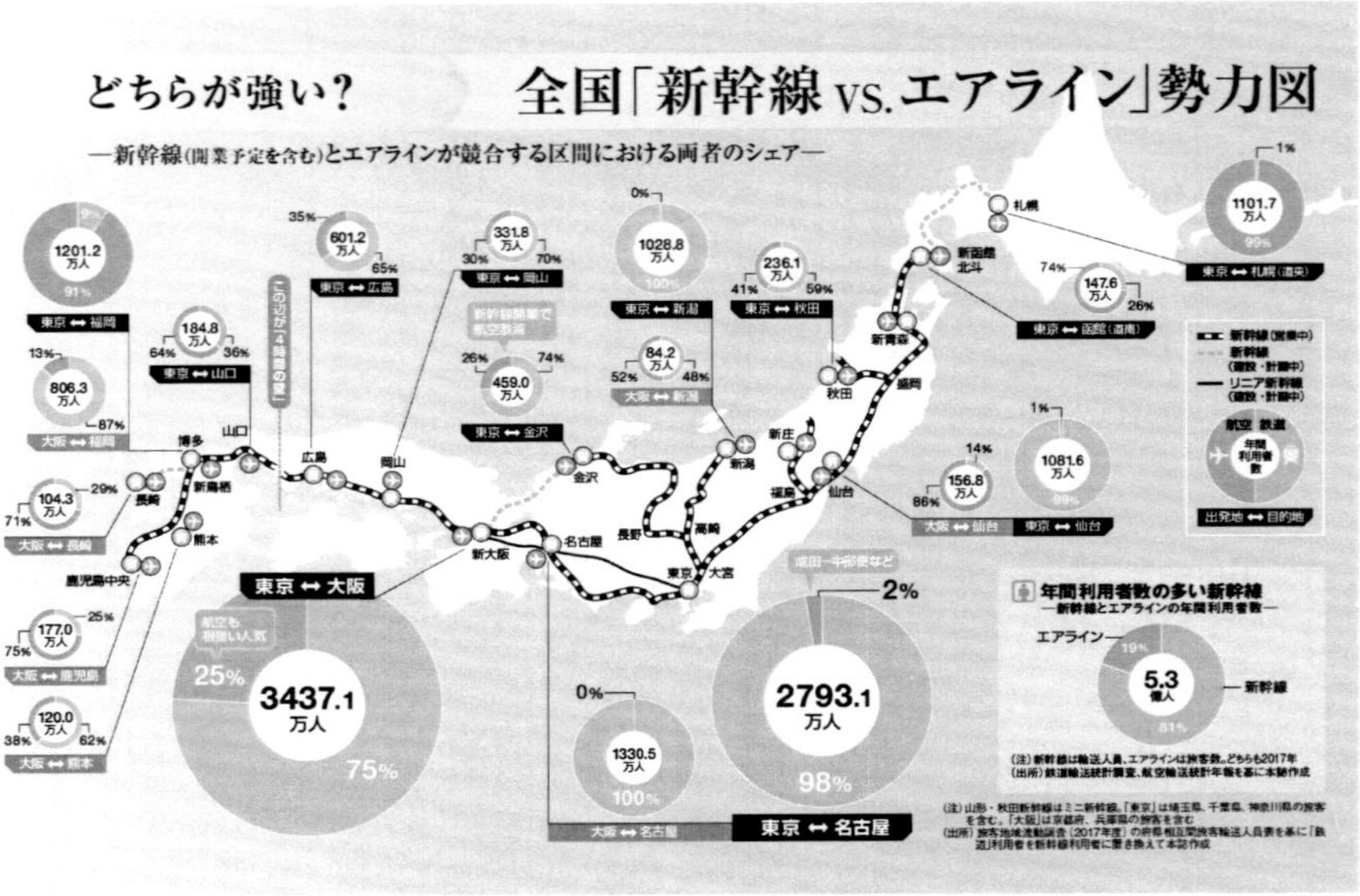
どちらが強い？
全国「新幹線 vs.エアライン」勢力図
―新幹線(開業予定を含む)とエアラインが競合する区間における両者のシェア―
1201.2 万人 9% 91%
東京 ⟷ 福岡
806.3 万人 13% 87%
大阪 ⟷ 福岡
184.8 万人 64% 36%
東京 ⟷ 山口
601.2 万人 35% 65%
東京 ⟷ 広島
この辺が「4時間の壁」
331.8 万人 30% 70%
東京 ⟷ 岡山
新幹線開業で航空激減
459.0 万人 26% 74%
東京 ⟷ 金沢
1028.8 万人 0% 100%
東京 ⟷ 新潟
84.2 万人 52% 48%
大阪 ⟷ 新潟
236.1 万人 41% 59%
東京 ⟷ 秋田
147.6 万人 74% 26%
東京 ⟷ 函館(道南)
1101.7 万人 1% 99%
東京 ⟷ 札幌(道央)
156.8 万人 14% 86%
大阪 ⟷ 仙台
1081.6 万人 1% 99%
東京 ⟷ 仙台
104.3 万人 29% 71%
大阪 ⟷ 長崎
177.0 万人 25% 75%
大阪 ⟷ 鹿児島
120.0 万人 38% 62%
大阪 ⟷ 熊本
東京 ⟷ 大阪
航空も根強い人気
25%
3437.1 万人
75%
1330.5 万人 0% 100%
大阪 ⟷ 名古屋
成田―中部便など
2%
2793.1 万人
98%
東京 ⟷ 名古屋
札幌
新函館北斗
新青森
盛岡
秋田
新庄
福島
仙台
新潟
高崎
長野
大宮
東京
金沢
名古屋
新大阪
岡山
広島
山口
博多
新鳥栖
長崎
熊本
鹿児島中央
新幹線(営業中)
新幹線(建設・計画中)
リニア新幹線(建設・計画中)
航空 鉄道
年間利用者数
出発地 ⟷ 目的地
年間利用者数の多い新幹線
―新幹線とエアラインの年間利用者数―
エアライン 19%
5.3 億人
新幹線 81%
(注)新幹線は輸送人員、エアラインは旅客数。どちらも2017年
(出所)鉄道輸送統計調査、航空輸送統計年報を基に本誌作成
(注)山形・秋田新幹線はミニ新幹線。「東京」は埼玉県、千葉県、神奈川県の旅客を含む。「大阪」は京都府、兵庫県の旅客を含む
(出所)旅客地域流動調査(2017年度)の府県相互間旅客輸送人員表を基に「鉄道」利用者を新幹線利用者に置き換えて本誌作成

かつて東京と金沢を結ぶ空路は、利用者の多い航空路線の上位に入っていたが、2015年に北陸新幹線が金沢まで延伸すると、順位を大きく下げた。現在の「利用者の多い航空路線」上位20区間を見ると、1位の羽田－新千歳間を筆頭に、東京と新幹線で直結していないか、または新幹線では所要時間が長くなる長距離路線がずらりと並ぶ。

今後は北陸新幹線が敦賀、新大阪に延伸し、長崎新幹線開業や北海道新幹線の札幌延伸も控える。またリニア中央新幹線が東京（品川）と名古屋、さらに新大阪まで結ぶと、リニアと新幹線を乗り継ぐことで、鉄道移動の所要時間がさらに短縮される。隣国の韓国では、国内交通の大動脈であるソウル－釜山（プサン）間に高速鉄道が開通したことで、多くの航空会社が国内線から国際線に経営の軸足を移した。リニア開業を機に、航空会社はネットワーク戦略の大幅な見直しを迫られるかもしれない。

利用者の多い航空路線

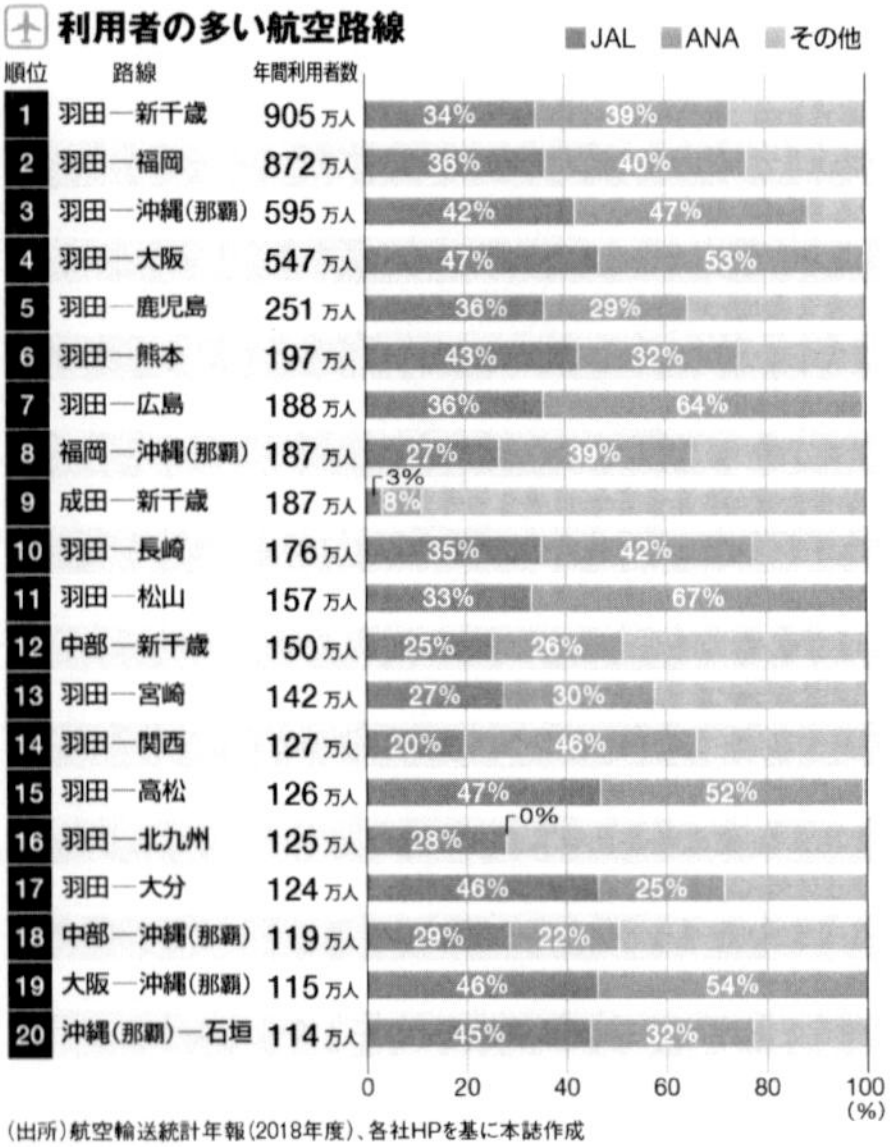

(出所)航空輸送統計年報(2018年度)、各社HPを基に本誌作成

新幹線の年間利用者数

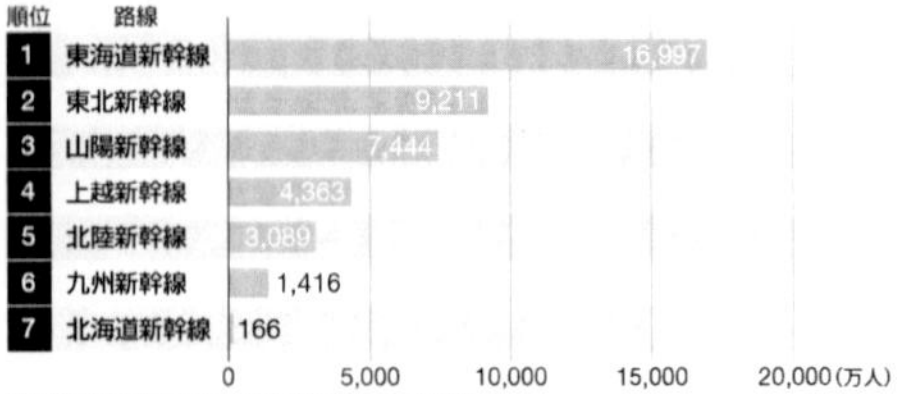

(出所)鉄道輸送統計調査(2017年度)を基に本誌作成

新たな新幹線は必要か

四国、山陰地方など新幹線がないエリアでは誘致の動きもみられる。しかし、新幹線の年間利用者数を見ると、60～80年代に開業した東海道、東北、山陽新幹線と比べ、2000年代以降に開業した北陸、九州、北海道新幹線は利用者が段違いに少ない。新たな新幹線計画でも、利用者数に比べ巨額の建設費がかかることを考えると、野放図に造ることもできない。

新幹線網の拡大に対して航空が防戦一方かというと、そんなことはない。東日本大震災などの特殊要因を除けば、80年代以降、旅客数を堅調に伸ばしている。新規航空会社の参入、新規就航路線の増加、航空運賃のネット割引といった積極策が奏功している。その点では、新幹線とエアラインが互いに学ぶべき点は多いのである。

（大坂直樹、森田宗一郎）

大型台風で北陸新幹線が運休

北陸の悲願は空路の維持

2019年10月16日、気温が10度近くまで下がり冷え込んだ22時の富山駅には、予約していた新幹線の切符の払い戻しや、迂回経路の相談に来た人々で2時間待ちの行列ができていた。「窓口の営業時間は23時30分までとなっておりますので、本日はお引き取りいただくかもわかりません」。駅の職員から申し訳なさそうにアナウンスされた列後方の人々は、言いようのない徒労感に包まれた――。

10月13日、前日から本州に上陸した台風19号による千曲川の堤防決壊で、北陸新幹線の線路が冠水。信号装置に被害が確認され、長野－上越妙高間が運休した。

東京から富山などを経て金沢まで、12両編成（約900席）で1日約30本を運行する北陸新幹線運休の影響は大きい。台風が接近した11日から5日間、石川県内の宿泊施設で発生した予約キャンセルは９４６２人。富山観光の目玉であるトロッコ電車も約４０００人が予約をキャンセルした。

ＪＲ東日本は１０月２５日の全線再開を目指してたが、長野市内の車両基地が浸水し、北陸新幹線全車両の３分の１に当たる１２０両が水没。修理には大幅な機器交換を要する可能性があり、最悪の場合は廃車も見込まれる。予備車両の転用やダイヤ調整を行っても、運転本数は通常の８割ほどにとどまる見通しだ。

新幹線の払い戻しに来た人々に話を聞くと、ほとんどの人が代替案として飛行機を挙げた。友人と東京旅行を計画していた富山在住の３０代女性は「新幹線の運休を知り、真っ先に飛行機の予約サイトを開いた」と言う。現在、全日空（ＡＮＡ）や日本航空（ＪＡＬ）による定期直行便が、羽田から小松へ１日１０往復、能登へ同２往復、富山へは同４往復で運航されている。

新幹線の運休を受け、ＡＮＡとＪＡＬは羽田発着の小松・富山路線で一時的な機材の大型化や、臨時増便を実施。両県が定期航空便を持っており、エアラインが整備などの体制を構えていたことが奏功した。今回のような有事に北陸が空路で対応できた背景には、ANA・JALを逃がすまいと奔走した自治体の地道な取り組みがある。

新幹線が「ドル箱」奪取

2015年に北陸新幹線が金沢延伸を果たすまで、北陸－東京間における主要な移動手段は空路だった。羽田から小松や富山への飛行時間がそれぞれ1時間程度なのに対し、延伸前の鉄道路線網で東京から富山へは約3時間、金沢へは約4時間と見劣りしたためだ。

航空大手は空路優勢の環境を生かし、国内随一の規模で運航ダイヤを設定。羽田－金沢線はJALとANAが1日6往復ずつ、羽田－富山線はANA1社が同6往復運航。機材は300～400席の中型機や大型機が用いられた。

JALとANAの積極的な姿勢から新幹線延伸前の13年、国内航空路線の年間旅客数ランキングで羽田－小松は全国8位(163万人)、羽田－富山は同33位(78万人)と両者ともトップ50入り。航空業界に詳しい共栄大学の稲本恵子教授は「とくに羽田－小松は航空会社のドル箱路線だった」と振り返る。

ところが、新幹線の登場で状況は一変した。金沢まで開通した新幹線は東京から富山まで2時間、同じく金沢まで2時間半と従来の鉄道網と比べて1時間～1時間半短縮。停車駅の少ない速達タイプの列車も1時間に1本あり、高い利便性が実現された。

対するANAとJALは15年3月の新幹線延伸を待たずして、羽田発着の小松・富山両路線を200席以下の小型機中心へ縮小すると発表。ライバルとして対立構図が描かれてきた新幹線に対し、いとも簡単に航空会社が「白旗」を揚げたことについて、JALの国内路線担当者は「旅客のシェアを取り返そうとすると、供給量が物を言う価格競争に陥る。（供給量で圧倒する新幹線に対する）勝ち目のない戦いに突入しない戦略をとった」と語る。

勝ち目を判断する基準になるのが、1980年代に羽田－仙台・新潟線の消滅が暗示した「東京から新幹線で2時間」のラインだ。当時、仙台・新潟ともに東京から片道約2時間で新幹線が開業。それぞれの空港は主要駅から車やバスで約30分かかり、空港到着後のチェックインや保安検査の時間も踏まえると、新幹線に対する所要時間の優位性がなくなってしまったのだ。

この「時刻表に表れない所要時間」は小松、富山とも新潟と同程度存在する。エアラインの供給絞り込みは、前例を踏まえた妥当な戦略だった。

結果、金沢に新幹線駅が開業した初年度の上越妙高－金沢間における年間利用者数は926万人と、従前の鉄道ルートに比べ約3倍へ膨張。一方の空路では、機材の小型化後もＡＮＡが小松・富山それぞれの羽田路線を4往復へ減便。18年の路線全体における年間旅客数は羽田－小松が101万人（13年比37・8％減、全国26位）、羽田－富山が34万人（同56・3％減、全国50位圏外）と急減した。

自治体は空路維持に奔走

地域からすると、県民の生活水準を交通の面から向上させ、首都圏などとの交流を活性化して県の経済を潤すことができれば、主な交通手段は飛行機でも新幹線でも構わないはず。だが北陸の自治体はここ数年、縮小傾向にある羽田便を維持しようと奔走している。

石川県は北陸新幹線が延伸した15年から、小松－羽田便の利用促進へ施策を矢継ぎ早に打ち出した。中核をなすのが地元企業に対する出張利用の支援だ。同年10月から開始した「ビジネス利用サポートキャンペーン」は空路で羽田便を2往復するごとに、金沢駅へのバス乗車券やラウンジの利用券、駐車場の1日無料券などを配付している。駐車場の基本料金も同年3月から200～300円割引いた。

富山県は19年5月から、羽田便を利用し県内に宿泊する渡航者を対象にレンタカーの低額利用キャンペーンを実施。9月からは羽田便の到着時刻に出発を合わせた飛騨高山方面への観光バスを用意するなど、足元で新規の施策を講じている。

新幹線が大動脈として機能する中、自治体が羽田便を維持する最大の理由は、県民に移動の選択肢を与えることだ。富山県の吉田徹航空政策課長は「たとえば目的地が東京や埼玉県寄りなら新幹線、品川や神奈川県など羽田からのアクセスがよい地域なら飛行機と、県民が選択肢を持っている状態が好ましい」と語る。

そして、今回のような自然災害による陸上交通機関の運休といった「有事」に代替手段となりえる点も重要で、「残ってくれて本当によかった」（吉田課長）というのが自治体の本音だろう。

焦点は新幹線の敦賀延伸

自治体の施策が奏功して、何とか保たれている北陸の新幹線と空路の均衡。これに再び変化をもたらすとみられるのが、22年度に控える新幹線の福井県敦賀延伸だ。そもそも北陸新幹線は、東海道新幹線の機能を補完するべく、東京－新大阪間を北陸経由で結ぶ姿が最終形。そのため、金沢までの延伸は敷設計画における一段階にすぎない。

敦賀が位置する福井県には、ジェット機が離発着するのに十分な滑走路を持つ空港がない。東京と福井の間を空路で移動する際は、羽田－小松便と、バスや鉄道を併用するのが一般的だ。

そのため小松空港の利用促進には、福井県も一役買っている。前出のビジネス利用サポートキャンペーン参加企業のうち約25％は、福井の企業なのだ。石川県とともに小松空港の利用促進を担う福井県交通まちづくり課の市橋章課長補佐は「以前から福井県民も利用しており、福井の空の玄関と認識している」と話す。

鉄道建設・運輸施設整備支援機構の報告書では、新幹線延伸で東京－福井間の鉄道移動は約20分短縮する見込みで、時刻表に表れない所要時間を加味した空路の所要時間と比べても早くなる。小松にとっては、貴重な福井の利用客が新幹線に流れる可能性がある。

ANAの国内路線担当者は「石川と福井の連携がとれており、新幹線も東京から約3時間かかるものの、影響を注視している」と慎重な姿勢をとる。ANA・JAL減便という最悪のシナリオを防ぐべく、北陸自治体の奔走は続きそうだ。

（森田宗一郎）

好立地なだけでない

羽田－伊丹便の人気が根強い理由

大阪国際（伊丹）空港は、毎日多くの利用客でにぎわっている。とくに東京・羽田と結ぶ便はしばしば満席になるほどで、出発ロビーではスーツ姿のビジネス客やレジャー・帰省の利用客が搭乗の列を作る。

一方で東京－新大阪間は新幹線が数分間隔で運行している。東京－大阪間の移動手段の主役は新幹線だ。しかし、新幹線がほぼ100％となった東京－名古屋間と比べ、東京と大阪の移動手段として飛行機を選ぶ人が一定数いるのはなぜか。

1994年の関西国際空港の開港で国内線だけになった伊丹だが、大阪の中心部に近い地の利を武器に足元の利用者数は好調だ。2018年度の空港旅客数は1630万人で、前年度に比べ4％の増加。12年度以降、7年連続で前年を上回る。

「阪急沿線に住んでいる人や、大きな荷物がある人は飛行機を選びますね」。伊丹での勤務経験がある航空関係者は、羽田－伊丹便の根強い人気の理由をこう説明する。伊丹空港には大阪モノレールが乗り入れ、ひと駅隣の蛍池駅で阪急宝塚線と乗り換えができる。阪急は梅田や神戸・宝塚方面、モノレールは「転勤族」が多い北摂エリアへそれぞれつながる。出発地や目的地がこれら沿線の場合は飛行機の利用が便利だというのだ。

空港リムジンバスの路線が充実しているのも利点の1つ。JR大阪駅や難波、神戸の三宮など京阪神エリアの各地を発着する。関空や和歌山方面への玄関口であるJR天王寺駅からも、阪神高速経由で伊丹まで約30分。梅田からの所要時間と大差はない。

大きなスーツケースやベビーカーがある場合はリムジンバスで空港へ向かい、カウンターで預けてしまえば移動中も快適だ。朝夕のラッシュ時に混雑した電車内で荷物の置き場に困る心配もない。7月には空港内に「レンタカーステーション」も開業し、アクセスの選択肢がさらに増えた。

新幹線にない魅力も

羽田－伊丹便は「他路線に比べてビジネス客、とくにマイレージの上級会員の割合が多い」（航空会社）という。伊丹では全日空（ＡＮＡ）が１９年２月、日本航空（ＪＡＬ）も３月に会員向けラウンジを刷新し、座席数を拡充した。

搭乗までの時間を有効活用し、眺めのよいカウンター席でノートパソコンを広げる人の姿も多い。仕事終わりに無料のビールを楽しむこともできる。両社とも新幹線にない魅力でビジネス客を囲い込む。

ただ、伊丹にも弱点がある。周囲に市街地が広がるため、発着時間が限られている。関西在住の大手電機メーカー社員は「東京駅周辺で午後９時ごろまで飲んでいても帰宅できる」と新幹線を選ぶという。

空港ターミナルは現在、２０年夏のグランドオープンを目指して、約５０年ぶりの大規模改修工事が進んでいる。１８年４月には、レストランなど約３０店舗が新規出店した中央の商業施設と、家族で楽しめる屋上エリアが先行開業した。

空港を運営する関西エアポートの広報担当者は「地元のママ友たちが集まってお食事や会話を楽しむ姿も多く見られます」と話す。好立地というだけでなく、地域に開かれた親しみやすさが気軽な利用を後押しする理由の1つなのかもしれない。

（橋村季真）

新幹線もエアラインも重要　東京視点と違う「地方の論理」

青森大学教授・櫛引素夫

東北・新潟地域は新幹線のネットワーク拡大に伴い、新幹線とエアラインの競争が最初に激化した地域だ。1982年の東北新幹線（盛岡以南）、上越新幹線の大宮開業を受け、飛行機は翌83年に羽田－新潟線が運行休止。さらに85年、両新幹線の大宮－上野間の開業で羽田－花巻（岩手）線、羽田－仙台線が姿を消した。一方、山形新幹線「つばさ」が92年に開業、99年に新庄まで延伸されると、2002年に羽田－山形線から全日空（ANA）が撤退し、日本航空（JAL）の1往復だけが残った。その後、14年3月に2往復となり、現在に至っている。

2002年の東北新幹線・八戸開業後、03年4月にANAが羽田－青森線から撤退、跡を継いだスカイマークも同年11月に早々と撤退して、青森空港はJALの単独就航の路線になった。羽田－青森線はかつて1日9往復の運航で、最多の02年度には101万人を運んだ。だが、ANA撤退に加え、JALも05年3月に1日6往復から5往復に減便、旅客は3割近く減った。

このままでは、10年の東北新幹線・新青森開業の前に空路が衰えてしまう。そんな危機感から、県はJALへ復便の要請を続け、05年12月には1日6往復に戻った。東北新幹線・新青森開業時は、機材が約300人乗りから、約150人乗りに小型化されたものの、減便は免れ、現在も1日6往復の運航である。なお、もともとJALの単独路線だった羽田－三沢線は02年、4往復から3往復へ減便し機材小型化も行い、何とか搭乗率を維持している。

これら東北地方と対照的に、空路の強さを見せつけたのが北海道新幹線開業時の羽田－函館線だった。東京－函館間の移動シェアは航空機が74％で、新幹線の26％を圧倒する。

余勢を駆って、航空業界は運賃面でも強気の施策を打ち出した。他地域では、航空会社は前日まで購入可能な、新幹線の運賃近くまで値下げした割引切符を設定し、これが実勢運賃に相当している。しかし、北海道新幹線は特急料金が割高に設定されたこともあり、函館発着は購入期限が3日前まで、価格も新幹線運賃より高めという割引切符が目立つ。地元は、新幹線の利用拡大を期待する一方、価格競争による実質的な航空運賃の値下げ、さらには、これらの相乗効果による入り込み客の増加を期待していた。しかし、入り込み客は増加したものの、新幹線の利用は伸び悩み、航空機の使い勝手の向上や値下げ幅も限定的だ。

それでも、北海道新幹線は19年3月のダイヤ改正で、東京－新函館北斗間の所要時間を4分短縮する3時間58分として、待望の「4時間切り」を実現した。「4時間の壁」は、しばしば航空機と新幹線のシェアの分かれ目とされ、4時間を切ると新幹線に旅客が流れる。そう考えると、函館地域における航空機シェアの高さは異例ともいえる。むろん、単純に新幹線の乗車時間だけで決まる話ではない。函館は新幹線の本数が少なく、東京－新函館北斗間はわずか1日10往復。しかも、新函館北斗から函館駅まで約18キロメートル離れており、快速で15分、車なら30分近くかかる。これに対し、函館空港は市街地から8・5キロメートルの距離にあり、車で20分足らずだ。羽田－函館線は1日8往復と、便数自体も新幹線と遜色がない。

一方、「4時間の壁」の例としてしばしば引用される広島は、東京行き「のぞみ」が1時間に2～5本、1日50本走る。加えて、広島空港は山間地に位置するため、リムジンバスで市街地から50分程度かかり、利便性も低い。新幹線の優位性は本数、駅舎の立地など、複合的な要因により支えられている。

「4時間の壁」は可変？

ところで、「4時間の壁」は、実は「可変の壁」のようだ。前述の東北新幹線・八戸開業時や新青森開業時、地元・青森県で取り沙汰されたのは「3時間の壁」で、このときは主に東京－岡山間が比較の対象となっていた。

開業前は東京－八戸間が3時間を切るかどうかが注目を浴び、JR東日本は37分短縮して2時間56分を実現し期待に応えた。さらに東京－青森間は在来線との乗り継ぎを挟んで3時間59分と4時間を切ったが、こちらはほとんど話題に上らなかった。

それでも、このとき、新幹線は「壁」を越えたようだ。開業前の2001年度、青森県と首都圏の移動に占めるJRのシェアは43％と航空機を下回っていた。しかし開業後の03年度、シェアはJR63％に対し航空機37％と逆転。新青森開業時は、東京－新青森間は3時間20分かかったが、E5系「はやぶさ」投入後、2時間59分を実現した。

その後、「3時間の壁」は、いつの間にか「4時間の壁」に変わった。鉄道、航空機とも、利用時のストレスを減らすチケットレスサービスを普及させるなど、所要時間以外の要素が大きく変わっており、利用に際して本当の「壁」が、どのような形で存在しているか、再検討が必要かもしれない。

なお新幹線の所要時間は、実は意外なほど大ざっぱだ。「最速」「最短」のダイヤはあくまでシンボリックな数字であり、大半の列車の所要時間はそれを上回る。例えば東北新幹線は、同じ「はやぶさ」を名乗る列車が、盛岡－新青森間をノンストップで駆け抜けたり、4つの途中駅のすべてで止まったりする。東京－新青森間は、はやぶさ38号が最短の2時間59分で走る一方、最も停車駅の多いはやぶさ8号は、実に3時間43分をかけて走る。しかし、はやぶさ8号に乗り合わせた多くの人は「多少、時間がかかる」とは思うかもしれないが、この44分の時間差を理由に新幹線を選ばない、ということはないだろう。

首都圏からの移動場面だけをみて「新幹線 VS. エアライン」の構図にとらわれるのは、あまり意味を持たないかもしれない。旅行客にしてみれば、「移動の選択肢が存在すること」が最も望ましいからだ。その意味で、新幹線と航空機が過度な競争を繰り広げ、どちらかが他方を圧倒し、退場させる展開は望ましいものではない。

羽田をハブとした航空路線の展開、そして東京駅を起終点とした新幹線網の整備は、ともに、東京一極集中を加速してきた。しかし、日本は本格的な人口減少社会が到来し、人口の偏在、経済的な格差の拡大が加速している。持続可能な地域づくりに役立ち、貢献できる空路や鉄道のあり方はどんなものか、根底から問い直しを余儀なくされる日が近づいている。

櫛引素夫（くしびき・もとお）

1962年青森県青森市生まれ。東奥日報記者を経て2013年より現職。東北大学大学院理学研究科、弘前大学大学院地域社会研究科修了。地域ジャーナリストとしても活躍。

室内サービスではエアラインが一枚上手

ＪＡＬ・ＡＮＡが工夫を凝らす新型機材

航空・旅行アナリスト　鳥海高太朗

２０１９年は日本航空（ＪＡＬ）、全日空（ＡＮＡ）ともに新型機が続々とデビューし、とくに機内空間に力を入れた年だった。国内線でも各シートにシートモニターを設置する動きが進んでおり、機内での過ごし方にも変化が出てきているほか、すでにシートモニターが搭載されている国際線ではモニターの大型化が進む。さらに新幹線に後れを取っていたシート電源も最新の機内には各座席に搭載されるなど、シート回りの機能が進化しているのだ。もちろんシートについても、長い時間乗っても疲れないシートを積極的に開発するなど、機内の快適性向上に工夫を凝らす。

機内も静かなA350

ＪＡＬは、同社を代表するフラッグシップ機として、エアバスＡ３５０型機を２０１９年９月から国内線に投入した。将来的には国際線長距離路線向けにも使われる機体であるが、国内線でも機内空間を快適にするべく新シートを導入した。機内での快適性は大きく向上し、全席にシートモニター、シート電源、ＵＳＢポートが装備され、無料の機内Ｗｉ－Ｆｉが地上走行時から利用可能。機内で仕事をしたり、シートモニターでビデオプログラムを楽しんだりできる。

とくに７０以上のコンテンツが用意されているビデオプログラムでは国内線でも映画やドラマ、バラエティー番組が楽しめるようになった。番組の途中で飛行機が目的地に到着してしまっても、停止時に画面上に表示される「レジュームコード」と呼ばれる８桁の数字をメモしておくことで、次回のフライトで続きから再生することが可能な機能も備わっている。

また、全クラスが新型シートとなり、ファーストクラスは本革シート、クラスＪ（普通席に1000円の追加で利用可能）と普通席は布製シートが採用。全クラスで足元が広く感じられる工夫が施されているのが特徴だ。羽田－福岡線、羽田－新千歳線に投入済みで、2020年には羽田－那覇線でも就航予定だ。

睡眠メインの新シート

2019年はANAが国際線に今までにない注目シートを2種類デビューさせた。どちらも機内での睡眠にこだわっている。まずは、5月から成田－ホノルル線に投入した総2階建て飛行機、エアバスA380型機のエコノミークラスに導入した「ANAカウチ」だ。エコノミークラスの座席のレッグレスト部分を上げると3席シートもしくは4席シートがベッドに変身するというもので、エコノミークラス料金に追加料金を支払う形で利用可能。子ども連れに好評だ。子どもが完全に横になれるため、機内でも子どもが熟睡してくれたので親は機内での時間を快適に過ごせたという声も聞かれた。

Ａ３８０型機で運航されているホノルル線は、ファーストクラス、ビジネスクラス、プレミアムエコノミー、エコノミークラス、ＡＮＡカウチと5種類のシートから選べるようになり、予算や旅行人数などに合わせ富裕層から若者まで幅広い層が状況に応じた選択をできるようになった。このきめ細かさが就航以来、高い搭乗率を維持している理由の1つだろう。

成田―ホノルル線に登場したA380型機「FLYING HONU」。HONUとはハワイの神聖なるウミガメを意味する

A380

- ☑ 1機で520人をハワイへ
- ☑ 5種類のシートから選べる

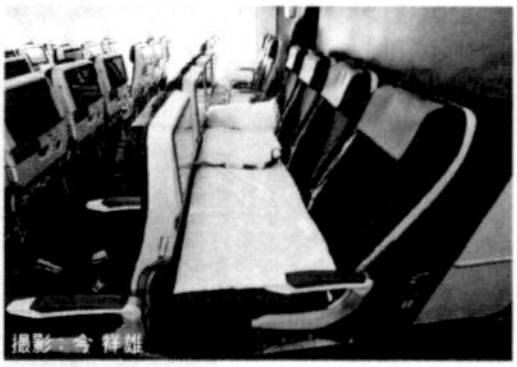

話題のカウチシートは3席を2人で使う場合は1万9000円～（1組当たり）の追加となる（写真左）。ビジネスクラスにはペアシートを用意（写真右）

もう1つのシートは8月より羽田－ロンドン線に投入した全席ドア付きの個室型シートの新ビジネスクラス「ＴＨＥ Ｒｏｏｍ」だ。スペースを上手に活用するために、一部座席を進行方向の逆向きにした。結果、シートの横幅は従来のシートの約2倍、ベッドスペースは約１・３倍の広さが確保され、家のベッドで寝ているような感覚になれる。さらに２４インチの４ＫフルＨＤ画質に対応したシートモニターもあるため、周囲を気にせず、自分のプライベート空間で長距離フライトを楽しめる。今後、ニューヨーク線やフランクフルト線にも導入される。

全席ドア付きの個室型シートは、今後ビジネスクラスの主流になる可能性が高い。ＪＡＬも２３年以降に就航する国際線仕様のエアバスＡ３５０型機に新型シートを導入する可能性が高く、どのようなシートや新サービスが導入されるのかにも注目だ。

鳥海高太朗（とりうみ・こうたろう）
航空・旅行アナリスト、帝京大学理工学部航空宇宙工学科非常勤講師。専門は航空会社のマーケティング戦略。利用者・専門家、両方の視点から各種メディアで情報を発信する。

新幹線もネット対応で追撃

ネット予約はエアラインがリード

航空・旅行アナリスト　鳥海高太朗

今や旅行予約において、インターネットは欠かせない。そこで、国内線の飛行機と新幹線の最新ネット予約事情をまとめてみた。飛行機は全日空（ＡＮＡ）や日本航空（ＪＡＬ）などにおいて、ほとんどの利用者がネット経由で航空券予約をしている。

鉄道と異なるのはマイレージプログラムが浸透していることで、自分のマイレージ番号でログインすれば、名前などの入力は不要で簡単にクレジットカード決済できる。予約の管理も専用アプリやウェブサイトなどで簡単に行える。加えて事前に座席指定を済ませておくことで、マイレージカードやｉＰｈｏｎｅのウォレット機能を使って、預ける荷物がなければチェックインカウンターに寄らずにそのまま保安検査場へ行ける。マイレージ会員でなくても、航空券購入時に発行されるeチケットお客様控えに印字されている2次元バーコードを使うことで同様に保安検査場を通過することができる。空港での紙チケットへの引き換えが必要なく、まさにネット予約の極みだ。

JRでは東海が高評価

新幹線は、飛行機に比べるとネット予約の取り組みが遅れていた。JR各社でネット予約ができるが、利便性も含めたサービスに各社ばらつきがある。その中で利用者から非常に高評価なのがJR東海・西日本の東海道・山陽新幹線「エクスプレス予約」「スマートEX」だ。ウェブにアクセスしなくても専用アプリから予約可能で簡単だ。サービス開始当初は、新幹線に乗車する前に紙チケットへの交換が必要だったが、現在では専用のICカードもしくはJR東日本のモバイルSuicaとひも付けすることで、紙チケットに交換せず、ICカードもしくはスマホをタッチするだけで新幹線に乗れてしまう。

また、通常は1回しかできない予約変更もエクスプレス予約では発車前であれば何回でも無料で行える。そのため、予定が早まったり遅れたりした場合、駅に行かずにスマホから簡単に予約変更ができ、出張者などに評価されている。

エクスプレス予約とスマートEXの違いは年会費の有無で、エクスプレス予約は税込み1100円の年会費がかかるが、年会費不要のスマートEXと比べると、割安価格で乗車できるほか、利用回数に応じグリーン車へのアップグレードもある。年に1～2回でも東海道・山陽新幹線に乗る機会がある人はエクスプレス予約を選んだほうがよいだろう。

JR東日本は、「えきねっと」予約が中心だ。専用のクレジットカードや年会費などは不要で、日常使っているクレジットカードで登録できる。ウェブサイト上で予約できるが、必ず乗車前に駅のみどりの窓口もしくは指定席券売機で紙チケットに交換しなければならないのが少し面倒だ。

ただ、2週間前までの購入でJR東日本の各新幹線の一部区間が最大35％引きになる「えきねっとトクだ値」というお得な運賃があり、上手に活用すれば割安で新幹線に乗ることも可能だ。35％割引だと区間によっては自由席よりもグリーン車のほうが安くなる逆転現象も発生しているため、使わない手はない。期間限定で約50％の割引運賃が出ることもある。

また、モバイルSuicaをスマホに登録してあれば、駅でチケットを受け取らず、そのまま新幹線改札機にタッチすることで利用できる「モバイルSuica特急券」があったが、2020年3月14日からは新たな「新幹線eチケットサービス」に取って代わった。

新幹線は、駅のみどりの窓口や指定席券売機で直接購入する利用者が多く、飛行機のように気軽にネット予約でそのまま乗る利用者は限られているが、ネットで簡単に購入・乗車できる仕組みをつくって挑戦する。

新幹線予約は1カ月前

国内線の飛行機では18年から19年にかけて予約開始日が早まり、従来の原則

2カ月前から約1年前に変更された。ANAは355日前、JALは330日前から予約開始となり、早い段階で計画を立てることができるようになった。

それに対し、新幹線は1カ月前からの販売だ。1年前は厳しいだろうが、せめて3カ月くらい前から購入できるようにしてほしい。増え続ける訪日客にとって事前にスケジュールが組みやすくなるメリットは大きい。新幹線の技術進化が著しいが、予約のインフラを整え、気軽に高速移動ができる環境を整備していただきたい。

東京－札幌「4時間半」実現への難所　焦点は青函トンネルだ

2030年度末の北海道新幹線・新函館北斗－札幌間の開業に合わせ、北海道と本州を結ぶ鉄道貨物輸送を船舶にシフトさせる議論がひそかに進んでいる。最悪の場合は、JR貨物が北海道から撤退する可能性もある。

東京－札幌間の空路は年間900万人を運ぶ。その一部が新幹線に移ればJR北海道のメリットは大きいが、現行の東京－新函館北斗間の所要時間は約4時間で、新函館北斗－札幌間の所要時間は1時間程度。合計で5時間近くかかる。これでは新幹線開業後も航空機の優位は揺るぎそうにない。

そこで、東京－札幌間を4時間半で結ぶための方法が検討されている。新幹線で約4時間半かかる東京－新山口間における新幹線と航空機の利用比率は約3対7。この数字を当てはめれば、東京－札幌間では約３００万人の旅客が航空機から新幹線にシフトする。

時間短縮の方策は２つある。まず、車両性能の向上だ。ＪＲ東日本は次世代試験車両「ＡＬＦＡ－Ｘ」を開発し、営業最高速度の引き上げに動き出した。また、盛岡以北の区間は法令上最高時速が２６０キロメートルに抑えられているが、国土交通省はそれを時速３２０キロメートルに引き上げることを検討中だ。

青函トンネルをめぐる状況

北海道
札幌
新小樽
（仮称）
倶知安
苫小牧
新千歳空港
長万部
新八雲（仮称）
室蘭
函館空港
新函館北斗
函館
木古内
新幹線と
在来線貨物列車の共用区間
（82km、うち青函トンネル54km）
奥津軽いまべつ
青森
青森
新青森
七戸
十和田
八戸
新幹線（開業済み）
新幹線（建設中）
在来線

時間帯を区分して走行

だが、それだけでは不十分。最大の障害は、青函トンネルと前後の区間を合わせた約82キロメートルを新幹線とJR貨物の在来線貨物列車が共用していることだ。2本のレールの間隔は新幹線が1435ミリメートル、在来線が1067ミリメートルと異なり、そのままでは共用走行できない。このため三線軌条という特殊な方法で両者の共存を実現した。

貨物列車の最高時速は110キロメートル。新幹線が時速260キロメートルで走れば前方の貨物列車に追いついてしまう。また、高速走行する新幹線が貨物列車とすれ違う際に生じる風圧が安全を損なうおそれもあり、青函共用区間における新幹線の最高速度は時速160キロメートルに抑えられている。

国の交通政策審議会は打開策として、「貨物新幹線」を開発し、在来線のコンテナ列車を丸ごと新幹線貨車に積み込んで高速走行させるという夢のような案まで検討した。だが、今のところ有力視されているのは、新幹線と貨物列車の走行時間帯を分けて、下り線（新青森→新函館北斗）のみ新幹線の高速走行を行う時間帯区分案。旅客需要が多く貨物需要が少ない年末年始など特定の時期に限るとしており、安全性が確認されれば20年度から実施される見通しだ。

さらに、国はこれらの案とは別に、18年秋から水面下で議論を重ねていた。本誌が独自入手した資料によると、新たに4案が検討されている。

まず、コンテナ列車ごと積み込むのではなく、貨物列車からコンテナを積み替える貨物新幹線の改良案。貨物列車の台車がない分、重量が減るが、新幹線機関車を新規開発する必要がある。

日本にないタイプの車両であり、30年度までに開発が間に合うかは未知数だ。また、大量のコンテナを貨物新幹線に積み替える設備を新造するコストが4300億〜6400億円かかる。

これらの問題点を解決するために考え出されたのが、コンテナではなく、現行の新幹線列車の客室から座席を撤去して宅配便業者などが用いる小型のパレットを積載するという方法だ。JR九州の初代社長を務めた石井幸孝氏が11年ごろから提唱しているアイデアで、「コンテナ式が本命だが、パレット式は現状に風穴を開ける方法として考えた」という。

すでに東京メトロが宅配便各社と共同で荷物を列車で運ぶ実証実験をしており、実現性は高い。積み替え設備の設置費用も600億〜1800億円と想定されコンテナ式よりも安価だ。だが1列車当たりの積載量がコンテナ式の4分の1程度しかなく、すべての鉄道貨物を運び切れない難点がある。

鉄道貨物は船で運ぶ

国は船舶による輸送案も検討している。船舶案は2つあり、1つは鉄道連絡船方式。かつての青函連絡船を復活させるアイデアだ。1隻当たり65億〜90億円を投じて6〜7隻を新造するが、1隻当たりの建造に5年半かかるとされる。はたして30年度までに間に合うか。貨物列車との積み替え施設を建設する費用として540億〜1190億円の費用もかかる。

そこで、北海道–本州間を航行する既存のフェリーやRORO船（フェリー型貨物船）、コンテナ船を活用する案が飛び出した。もともと、船舶輸送は北海道–本州間の貨物輸送の9割以上を担っており、鉄道貨物のシェアは7~8%にすぎない。季節による繁閑がなければ、理論上は船舶の空き容量で鉄道貨物をすべて運び切れる可能性がある。

しかし、船舶輸送は集荷先から出発港までと到着港から配送先までの輸送にトラックを使う。すべての貨物を船舶に置き換えると、青函共用区間どころか、道内の鉄道貨物輸送が不要になりかねない。

JR貨物の真貝康一社長は「鉄道貨物をトラックに切り替えた場合、運転手の確保ができるのか」という発言にとどめ、表立った主張はしていない。しかし、同社の売上高の3割を占める北海道の貨物輸送が失われれば、経営に大打撃となるのは確実だ。

JR貨物に代わって声を上げたのは、同社の大口荷主であるホクレン農業協同組合連合会だった。「青果市場と貨物駅が隣接しているエリアが多く、船舶に切り替わるとこのメリットが失われる」(板東寛之専務)と、船舶輸送案に猛反発した。産地から市場への輸送手段の変更でコストが増加したり鮮度が落ちたりすれば、競争力の低下につながりかねないからだ。

■どれも一長一短、青函トンネル「鉄道貨物」置き換え案

代替手段案	貨物新幹線		鉄道連絡船	フェリー・RORO船
	コンテナ式	パレット式		
メリット	・リードタイムの短縮 ・三線軌条の撤去	・リードタイムの短縮 ・三線軌条の撤去	・三線軌条の撤去	・三線軌条の撤去 ・導入コストが安い
デメリット	・導入コストが高い ・技術的な課題が大きい	・導入コストが高い ・輸送力が小さい	・導入コストが高い ・リードタイムが悪化 ・新たな港湾整備が必要	・JR貨物の経営に打撃 ・リードタイムの悪化
輸送力	—	1編成10両で65トン程度	2編成40両で1000トン	RORO1隻で3200トン
リードタイム	約5時間短縮	約4～7時間短縮	一概にいえない	一概にいえない
整備費用	4300億～6400億円	600億～1800億円	540億～1190億円	既存インフラを活用すればゼロ
整備期間	約15年	11～12年	10年以上	ゼロ

単線新幹線の可能性

ＪＲ貨物が北海道から撤退すれば道経済への影響も計り知れず、多くの関係者が船舶案に反対する。青函問題は１９年秋から局長級会議に引き上げ、２０年秋までに方向性を示すことになっていたが、夏以降に議論が失速。青函共用区間の貨物列車走行を残す前提で、新スキームを検討することになりそうだ。

では、在来線貨物列車の走行と新幹線の高速走行を両立させる方法はあるのか。関係者間で有力視されているのは、共用区間の複線を新幹線と貨物がおのおの単線の専用線として活用する案だ。新幹線が貨物列車とすれ違わない運行ダイヤを組むことも可能という。

鉄道ダイヤに詳しい日本大学の富井規雄教授は、「大所高所から見ると現実的な案」としたうえで、「ダイヤ作成や運行管理の面からは困難が予想される」とみる。単線の場合は上り列車と下り列車が同じ線路を使うため、上りでダイヤが乱れると、下りにも波及しかねず、いつまで経っても遅れが解消しない心配があるからだ。

単線新幹線のアイデアは、長崎新幹線・新鳥栖－武雄温泉間でも検討されているが、JR九州の青柳俊彦社長は、「複線と比較すると時間短縮、輸送力確保、ダイヤの安定性などで課題がある」として、複線案を支持する。

■「専用線」案が検討課題に
―青函トンネル内の走行方式と代替案―

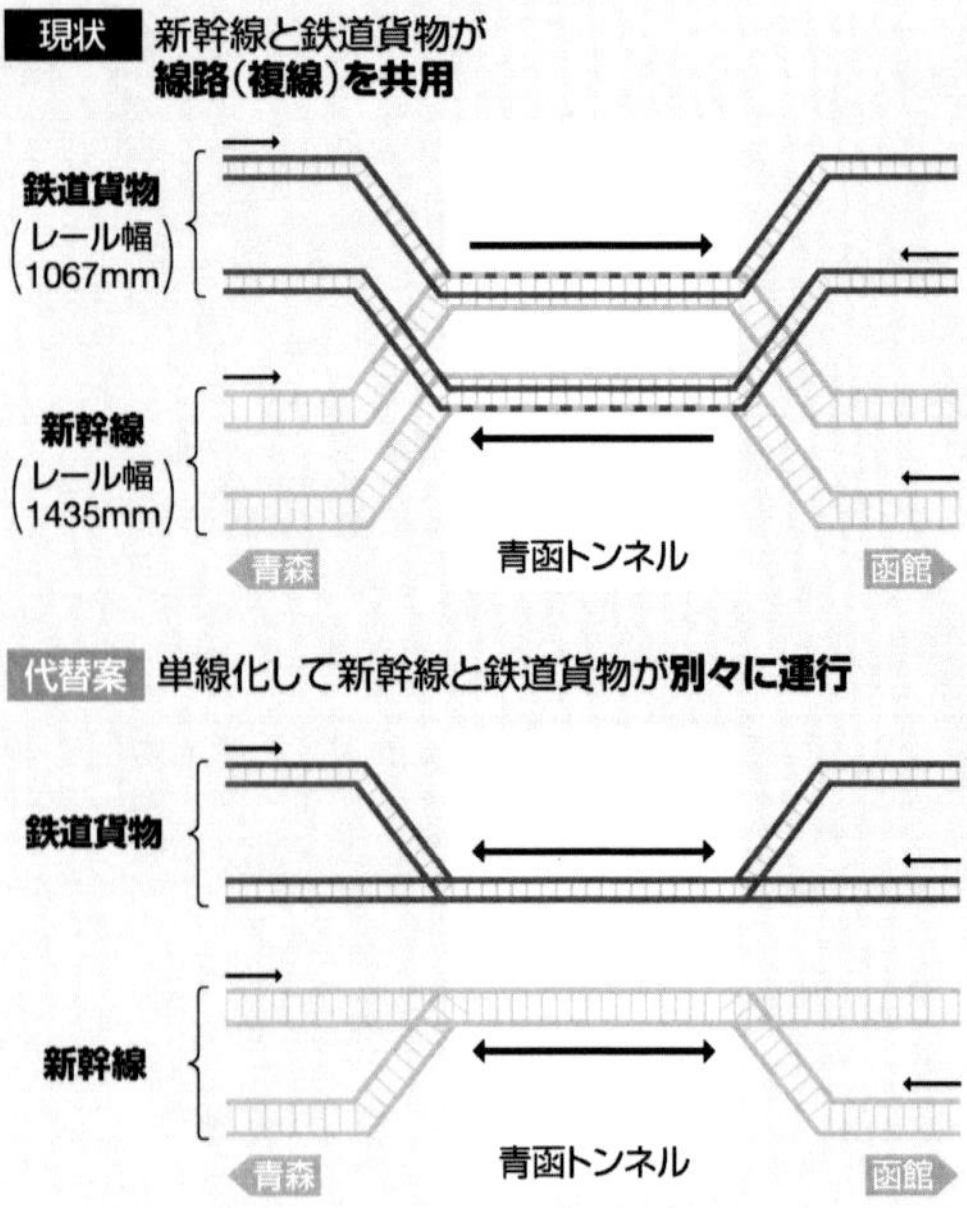

旅客輸送と貨物輸送、両者のバランスを最適化するためにはさまざまな角度からの検討が求められる。少なくとも水面下で議論せず、多くの知見を活用することが必要なのではないか。

（大坂直樹）

長崎新幹線は「不完全状態」で始動

建設が進む九州新幹線・西九州ルート（長崎新幹線）のトンネル掘削中に地下水脈が寸断され周辺河川の流量が減るというトラブルが、2018年に長崎県内で起きていたことがわかった。19年7月には、この渇水対策の試掘ボーリング中に、機材の一部が在来線長崎トンネルの上部を貫通し、走行していた特急列車に接触する事故も起きた。それでも22年度の開業予定に変更はない。

とはいえ、開業するのは武雄温泉－長崎間のわずか66キロメートルのみ。本州から新幹線を利用して長崎を訪れる観光客は、博多（または新鳥栖）で在来線に乗り換えて武雄温泉まで行き、さらに新幹線に乗り継ぐ必要がある。

2度の乗り換えが面倒なうえ新幹線区間が短く、博多－長崎間の所要時間は1時間22分。同区間を特急1本で移動するのと比べ28分短縮されるだけで、利便性に欠ける。

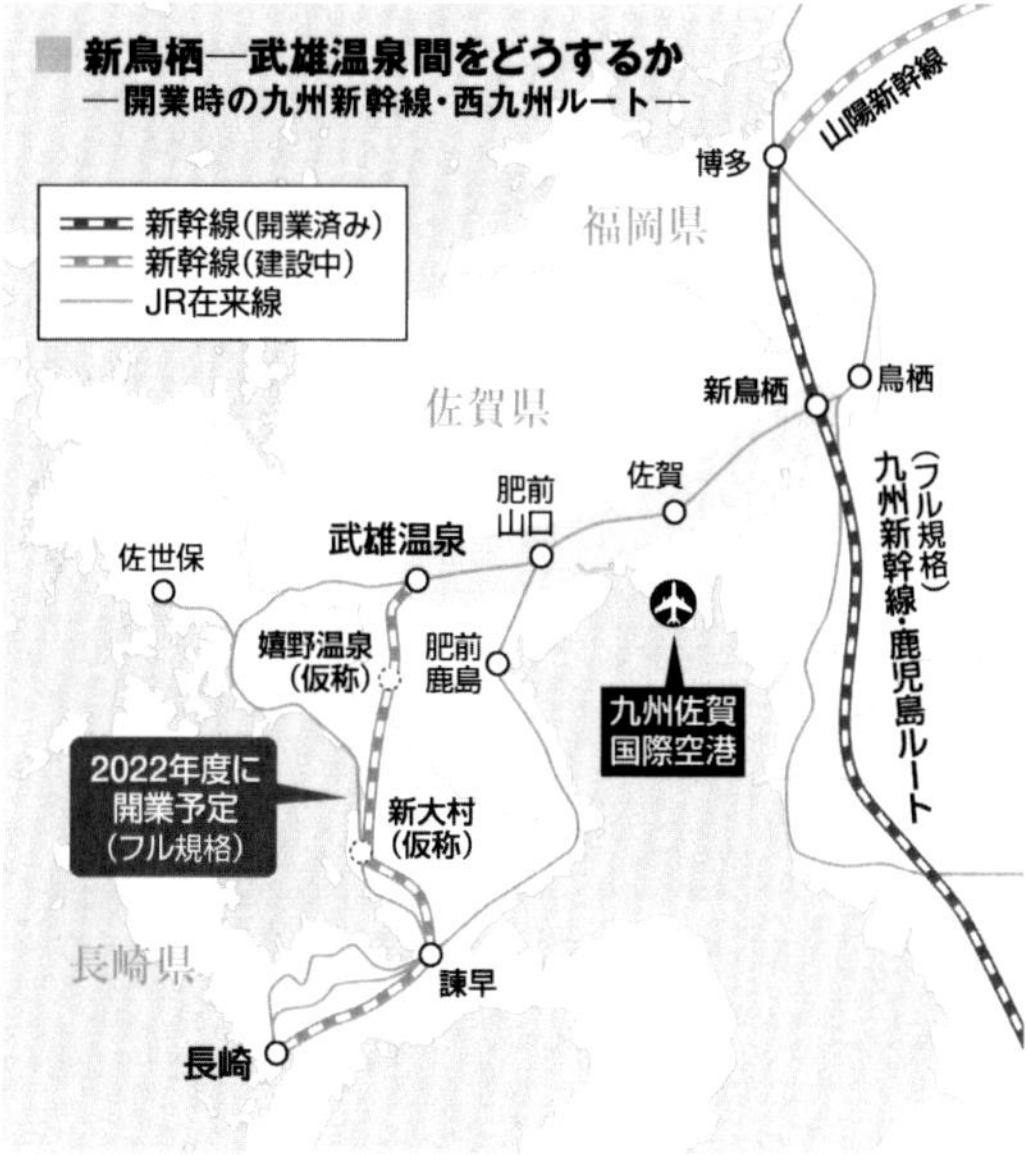
新鳥栖―武雄温泉間をどうするか
―開業時の九州新幹線・西九州ルート―
新幹線（開業済み）
新幹線（建設中）
JR在来線
山陽新幹線
博多
福岡県
鳥栖
新鳥栖
佐賀県
（フル規格）
九州新幹線・鹿児島ルート
佐賀
肥前
山口
武雄温泉
佐世保
嬉野温泉
（仮称）
肥前
鹿島
九州佐賀
国際空港
2022年度に
開業予定
（フル規格）
新大村
（仮称）
長崎県
諫早
長崎

全線を新幹線規格（フル規格）で開業した鹿児島ルートと違い、西九州ルートは事業費削減のため佐賀県内の新鳥栖－武雄温泉間（約50キロメートル）は在来線のまとなり、在来線と新幹線の両方を走れるフリーゲージトレイン（FGT）の導入で対応するはずだった。だが、開発過程で技術面の欠陥が露呈し、18年夏に導入を断念。不完全な開業を余儀なくされる結果となった。

国も今のままではまずいと認識し、新鳥栖－武雄温泉間にフル規格線路を新設する方向で動き出した。6000億円超の費用がかかるが、所要時間はFGTよりも大幅に短縮される。運行を担うJR九州の青柳俊彦社長も「最大限の整備効果が得られる」と、フル規格を支持する。

実現のカギを握るのは、新鳥栖－武雄温泉間の沿線自治体である佐賀県の動向だ。山口祥義知事は「フル規格が前提の議論に参加するつもりはない」と猛反発する。佐賀県にとってフル規格化のメリットが少ないのが理由だ。

現状でも在来線の特急を使えば佐賀－博多間の所要時間は40分足らずで、フル規格化されても大きな時間短縮は見込めない。一方で、建設費用は国と沿線自治体が負担することになっており、県にも450億～660億円の負担義務が生じる。大金を払っても恩恵が乏しいのでは、反対するのも無理はない。

空港経由の新ルート？

全線フル規格案を進めるためには、佐賀県が納得する提案を行うしかない。国やJR九州が想定しているのは佐賀駅を経由するルートだが、JR九州で初代社長を務めた石井幸孝氏は、「九州佐賀国際空港を経由する南回りルートに変更すれば、空港の利便性が高まる」と提言する。佐賀県だけでなく、九州全体にメリットがあるという。県民、そして国民全体にとってベストな選択肢とは何か、腰を据えた議論が必要だ。

（大坂直樹）

リニア2027年開業に暗雲　大井川「水問題」の論点

東京と名古屋を40分で結ぶリニア中央新幹線のトンネル建設工事をめぐり、静岡県とJR東海が対立している。しかし県の質問に対して、JR東海が2019年9月に提出した回答書について川勝平太知事は「論点がはっきりした」と一定の評価を下し、解決への手がかりだけは見えてきた。

2027年のリニア開業（品川－名古屋間）を目指し、JR東海は東京、神奈川、山梨、長野、岐阜、愛知というルート上の各都県で建設を進めている。しかし、北端を11キロメートル通過する静岡県では本格着工ができていない。

静岡工区は26年11月の完工を目指し、17年中に工事に着手する予定だった。だが、県が着工に待ったをかけた。「トンネル工事で大井川の水資源が大量に失われ、流域自治体や利水者の理解が得られない」という理由だ。工事の認可権限を有する国は、リニア建設に際して自治体と連携して適切な環境保全措置を講じるよう求めており、県の合意なしに県内のトンネル工事は開始できない。

ＪＲ東海はトンネル工事で発生した湧水の全量を大井川に戻すと約束している。だが県は「利水者に納得のいく説明が必要」として、首を縦に振らない。そこでＪＲ東海は県の質問に対し、２００ページ近いボリュームの文書を作成。これが9月に提出された回答書だ。

論点となっているのは、湧水を大井川に戻す方法だ。ＪＲ東海は静岡県内で工事中のトンネルが山梨、長野とつながってから生じる湧水の全量を大井川に戻す方法を提案するが、県は「トンネルがつながるまでの間は静岡県内の湧水が山梨・長野側に流出する可能性がある」と批判。「作業員の安全確保を考えると、ほかの方法では問題がある」というＪＲ東海の説明に耳を貸さない。

県が水問題にこだわるのは、近年、大井川の水量が大きく減少し、深刻な渇水が頻繁に生じているためだ。「河口に近づくにつれ、砂州がどんどん迫ってくる」と川勝知事は危機感を強める。大井川の水量がこれ以上減ると、流域に住む62万人に影響が出るという。

JR東海は「このままでは開業時期に影響が出かねない」と危機感を募らせるが、川勝知事は「湧水が県外に流れない工法を提示していただくしかない」と正論で攻める。着地点は見えない。

リニアは静岡県の北端を通過する

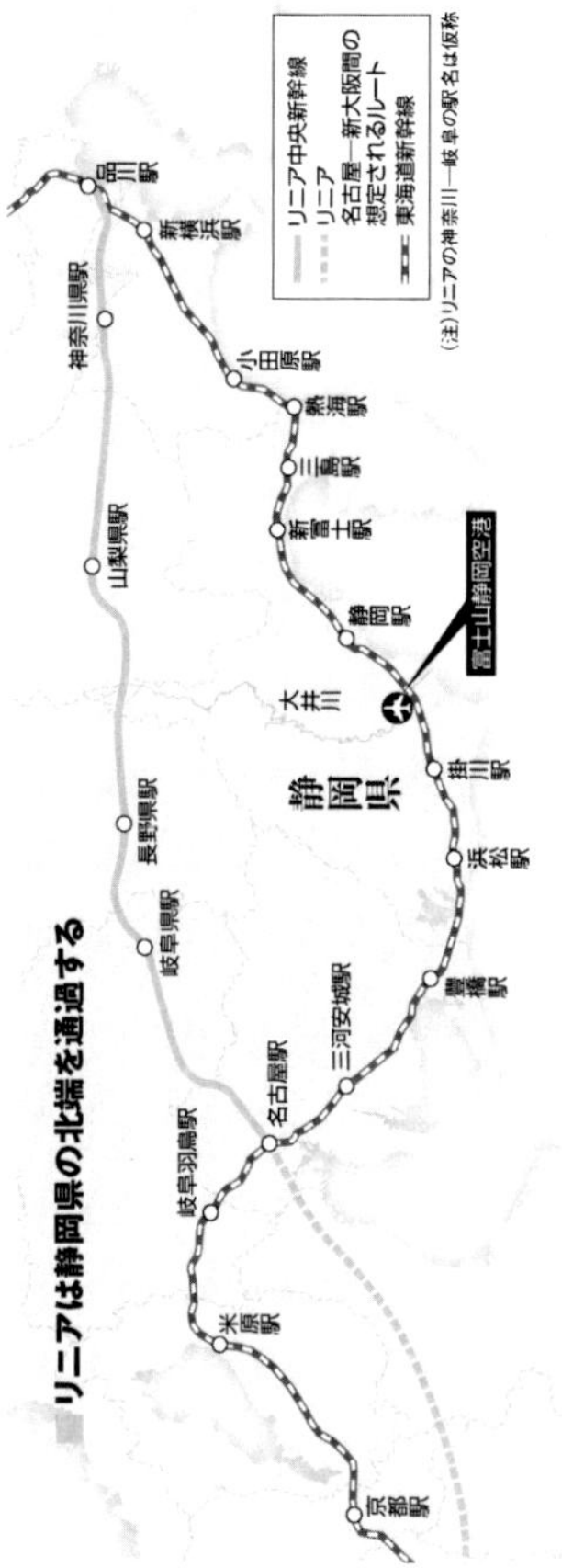

(注)リニアの神奈川—岐阜の駅名は仮称

本音は空港に「新駅」？

ただ、水問題の裏側に「別の狙いがある」という見方もくすぶる。それは、東海道新幹線に「富士山静岡空港駅」を新設することだ。

富士山静岡空港は県が約1600億円を投じて2009年に開港したが、期待したほど便数が増えず、空港の収支は開港以来赤字続き。同空港のネックの1つが交通アクセスの問題だ。静岡市や浜松市から車で40～50分、最寄り駅のJR在来線・島田駅からバスで25分かかる。

しかし、同空港の真下を東海道新幹線が走っている。地上の空港につながる新駅ができれば、東京や名古屋、関西と直接結ばれ、空港へのアクセスが劇的に改善する。

川勝知事は2010年に交通政策審議会の中央新幹線小委員会で空港新駅の提案を行っている。翌年まとめられた答申では、場所の特定はないものの、リニア開業後の東海道新幹線における「新駅設置の可能性」という文言が加えられた。

JR東海は新駅構想について否定的。「空港は掛川駅と近いため、新駅を造っても十分な加速ができず新幹線の性能を生かせない」と一蹴する。しかし県側は、19年度予算案に新駅関連の調査費を計上するなど、実現を諦めていない。

また、リニアが全線開業すれば現在主力の「のぞみ」がリニアに移行し、東海道新幹線のダイヤに余裕が生まれる。県内に停車する本数を大幅に増やすことも可能だ。中央政策審議会でも、委員の一人が「(リニアができると)東海道新幹線は〝静岡の新幹線〟に生まれ変わる」と発言している。

リニアの建設工事に合意する見返りとして、JR東海に空港新駅の建設や県内の停車本数増をのませようとしていると考えれば、川勝知事の強硬姿勢にも合点がいく。ただ川勝知事は、本誌の取材に対し、水問題で譲歩する可能性は「皆無」と発言、この見方をきっぱり否定した。

解決策が見えない水問題だが、解決されれば工事は始まるのだろうか。あるいは新たな論点が持ち上がり、堂々巡りとなるのか。リニアの全線開業が遅れると、〝静岡の新幹線〟の実現が遠のくことも、また事実である。

(大坂直樹)

失われた水は二度と戻らない

静岡県知事・川勝平太

昔は「越すに越されぬ大井川」と歌われるほど水量が多かった大井川だが、最近は水量が減った。今では1年の半分は節水をお願いしている。かつて東海道本線の丹那トンネルを掘っていたとき、断層にぶち当たって芦ノ湖の3倍ともいわれるほど大量の湧水が出た。丹那盆地の水が枯れ、当時の水田が今は牧草地になってしまった。水は失われると二度と戻ってこない。危機の可能性に気づいているのに、何もしないわけにはいかない。事前に防げるなら防がないといけない。

私は国土審議会の委員を務めたこともあり、リニアには全面的に賛成している。掘って出てきた水をすぐに凍結させるといった、水問題を解決する技術的な方法も見つかるかもしれない。水という希少なものを守りながら掘る技術を開発することが、JR東海の課題だと思う。

川勝平太（かわかつ・へいた）
1948年生まれ。早大卒。早大教授、静岡文化芸術大学学長などを経て2009年から現職。

数秒の積み重ねが不可能を可能に

チームプレーでついに実現「のぞみ」12本ダイヤ

鉄道写真家・村上悠太

まさに「チームプレー」だ。JR東海が運行する東海道新幹線は、ピーク時には1時間当たり片道10本の「のぞみ」が運行するが、2020年春のダイヤ改正でさらに2本増やし、1時間当たり片道最大12本の「のぞみ」が運行する。東海道新幹線にはほかにも「ひかり」が2本、「こだま」が3本も走っていて、これ以上本数を増やすのは容易ではない。しかし、JR東海の各部署が、パスをつなぎトライを目指すラグビーさながらのチームプレーで世界一過密ともいえる「のぞみ12本ダイヤ」の実現にこぎつけたのだ。

「金曜日夕方の下り列車など、平日でも時間帯によっては満席状態になることがある。

満席はお客様にとって〝品切れ〟の状態であり、改善を急がねばならない」とJR東海・新幹線鉄道事業本部の辻村厚・運輸営業部長が話す。

現在の東海道新幹線は主力車両N700Aが中心だが、走行性能や東海道新幹線内の最高時速がわずかながら劣る700系も併せて運行中。両者の性能差が、現状以上の増発がかなわなかった理由の1つだ。しかし、20年春までには東海道新幹線から700系が引退し、すべてN700Aに統一され、新型のN700Sも登場する。車両の違いによる性能差がなくなることで、本数を2本増やせるのではないかという機運が生じた。

新ダイヤの実現には、東京駅での折り返し時間を短くすることが非常に重要な要素となる。

中でも車内清掃の時間短縮は必須条件だった。車内清掃を担う新幹線メンテナンス東海（SMT）は現在でも列車が到着してからおよそ12分で清掃を済ませ、車内に新たな乗客を迎えている。スタッフが乗車するのは乗客全員が降車してからなので、実際の作業時間は12分よりも短い。他社にはシートが自動で向きを変えるタイプの列車もあるが、東海道新幹線の車両は伝統としてスタッフがシートの向きを1列ずつ転換。

また、枕カバーも1323席すべて交換しているため、作業内容は多岐にわたる。

「プロジェクトが始まった約2年前に本社に呼ばれました」とSMTの中島美津代さんと廣瀬明奈さんが当時を振り返る。のぞみ12本ダイヤ実現のためには、清掃時間を10分にする必要があった。スタッフの人数はそのままで約2分の短縮、しかも列車の本数は2本増える。もちろんクオリティの低下は厳禁。スタッフたちが知恵を絞り、特製の掃除用品の開発、トイレ清掃など手順の見直しで作業時間の短縮に成功した。10月からすでに10分間清掃を行っており、本番までの準備に余念がない。

「数秒間」の積み重ね

東京駅では、列車の到着と出発をいかにスムーズに行うかもカギとなる。そのため列車の自動列車制御装置(ATC)を改良し、停止に向けて自動でブレーキがかかるタイミングをほかの駅より若干遅らせ、高速でホーム内を進行できるように改良。ほんの数秒だが、停止までの時間をやや短縮した。また、自動ブレーキ作動後は、運転士が手動でブレーキをかけて列車を停止させるが、それを補助する「停止操作アシスト機能」を新たに導入。万が一、運転士のブレーキ操作が甘かった場合にこの装置が停止動作をサポートする。

「安全、操作、乗り心地、時間短縮効果のバランスの最適化に苦心しました」と語るのは新幹線鉄道事業本部の西村浩一・車両部車両課担当課長。ＡＴＣの専門家だ。時間短縮だけでなく利用者目線で各種技術にこだわってＡＴＣをセッティングした。

駅ホームにも「開通予告表示灯」と呼ばれる新装置が設置される。本来なら「開通表示灯」が切り替わってから駅員と車掌は出発に向けた作業を開始するが、開通予告表示灯は、間もなくポイントが切り替わることを伝える装置で、やはり時間にして数秒間だが、出発動作の開始を早めることができる。この数秒の積み重ねで、運行本数を2本増やすことができた。

運行本数が増えれば、線路の保守や電気系統、運行システムの情報処理能力の増強といった細部までの改良が必須となり、これらも併せて実施されている。「のぞみ12本ダイヤ」は、こうした多くのスタッフの努力の賜物なのだ。

大手から4枠回収で政策枠は充実

JAL・ANA　羽田便の生き残り競争

国土交通省は19年9月、航空各社から羽田空港の国内線発着枠を19枠回収、廃止された路線分で余っていた2枠と合わせて、再配分した。国交省から各社への羽田発着枠の使用許可が2020年1月に更新されるため、各社の運賃低廉化や安全運航、経営の効率性などを総合的に再評価。日本航空（JAL）に5枠、全日空（ANA）に6枠、スカイマークに2枠、その他3社に1枠ずつと計16枠が再配分された。

残りの5枠は、地方自治体と航空会社の共同で路線活性化戦略を競い合う政策コンテスト枠に2枠、羽田に新規参入する企業向けのストックで、暫定的に既存企業が使用できる枠に3枠と定めた。再配分の結果は20年3月末からの夏ダイヤ以降に反映される。

これら21枠の特徴は、新千歳、羽田、成田、関空、伊丹、福岡、那覇の7大空港を互いに結ばないローカル線への活用に限定されている点だ。日本には拠点空港が28、それに次ぐ重要度の地方管理空港が54存在するが、国内線旅客のうち7大空港を結ぶ幹線だけで40%を上回る。

羽田発着便は各地域にとって、成長著しいインバウンドを追い風とした観光収入の増加はもちろん、住民が移動する際の利便性確保に重要な路線。幹線集中の現状に鑑みて、国が地方創生の観点を重視した形だ。

JAL・ANAが減枠

回収分に比べJALは3枠、ANAは1枠少なく再配分され、大手2社は事実上の減枠となった。一方で、他の4社は現状維持か増枠となっている。

この措置の狙いは、新規参入枠の新設から読み取れる。現在、羽田の国内線発着枠は75%強がJALとANAに配分されており、他の4社もANAから資本を受け入れていることを踏まえると、大手2社の系列がほぼ100％を有しているのだ。国の検討委員会は報告書で競争の促進を訴えている。サービスや路線ネットワークで独自色を発揮し、JAL・ANA系列の独壇場に風穴を開ける新規の事業者が求められているのだ。

■大手は減便、頼みはスカイマークとコンテスト枠
―羽田空港国内線発着枠の配分見直し結果―

航空会社名	現在	回収数	再配分数	増減	見直し後
日本航空	184.5	▲8	5	▲3	181.5
全日空	171.5	▲7	6	▲1	170.5
スカイマーク	36	▲1	2	1	37
AIR DO	23	▲1	1	0	23
ソラシドエア	25	▲1	1	0	25
スターフライヤー	23	▲1	1	0	23
政策コンテスト枠	0	0	2	2	2
新規参入枠	0	0	3	3	3
合計	**463**	**▲19**	**21**	**2**	**465**

(注)0.5枠は出発または到着のみ。▲はマイナス
(出所)国土交通省の発表を基に本誌作成

焦点は、2社が減便する路線だ。これは需要の大きい幹線ではなく、既存のローカル線から選択される可能性が高い。暫定で使用できる新規参入向けの3枠で穴埋めがなされる保証はなく、「多くの自治体が羽田路線の減便に気をもんでいる」（業界関係者）。

では、生き残る路線はどこなのか。運航回数に対する旅客数の多さを見ると、沖縄離島の新石垣や宮古、北海道中・西部の旭川、函館は1便当たりの需要が大きい。両地域とも新幹線では行けない、もしくは移動時間が長すぎることが追い風となっている。

減便の憂き目に遭うのはどの路線か。少便数を理由に航空会社が発着枠の転用を国から制限されている路線を除けば、1便当たりの需要が小さいのは北九州や宮崎、釧路だ。

これらの空港は距離的に新幹線が不利なため、航空需要の底堅さも備えている。その点、新幹線開業の影響で需要が減った富山は減便されてもおかしくない状況だ。

頼みはスカイと政策枠

今回、1社だけ実質の増枠となったのがスカイマークだ。新規路線の開設に期待が集まるが、同社は高需要の長崎と神戸路線における増便が現実的とみられる。長崎は現行ダイヤにない午前到着便、神戸はスカイマークが2020年春ごろと見込む運用時間延長を生かした最終便に増便の余地がある。

JAL・ANAの減便におびえる空港が、主体的に便数の維持や増加に向けて活動できるのが政策コンテスト枠だ。コンテストの詳細やスケジュールは国交省が検討中だが、配分先は19年度中の決定を目指す。

コンテスト枠は14年夏ダイヤで初めて配分され、現在はANAが鳥取と石見、JALが山形線を運航。これら3枠も改めてコンテストにかかるため、新たに設定された2枠と合わせた計5枠、最大5空港に羽田便のチャンスがある。

国交省の担当者は「全国からの問い合わせが増えている。自治体が補助金を投じ、身を切って需要を喚起すると航空会社に示せるかが、コンテスト枠獲得のカギ」と話す。羽田便を懸けた自治体の熱い戦いが繰り広げられそうだ。

（森田宗一郎）

JAL、ANAに続く第3の勢力

ユニーク戦略でシェア拡大　地域密着エアラインの底力

日本航空（JAL）と全日空（ANA）という2つの巨大グループに加え、ジェットスター・ジャパンなどの格安航空会社（LCC）が、日本の空で存在感を増している。フルサービスの大手か、低価格が武器のLCCか。選択の幅が広がり競争が激しさを増す中、そのどちらにも属さない航空会社がある。

北海道のAIRDO（エア・ドゥ）、北九州が拠点のスターフライヤー、宮崎に本社を置くソラシドエア。地域に密着した3社はどのような戦略を展開しているのか。

■北海道・九州を拠点とする3社の概要

航空会社	ソラシドエア	スターフライヤー	AIRDO
	Solaseed Air 	STARFLYER 	AIR DO 
所在地	宮崎県宮崎市	福岡県北九州市	北海道札幌市
運航路線	羽田 — 宮崎 熊本 鹿児島 大分 長崎 那覇 — 神戸 鹿児島 中部 など11路線	羽田 — 北九州 福岡 関西 福岡 — 中部 など国内6路線 北九州 名古屋 — 台北 国際2路線	羽田 — 新千歳 旭川 帯広 函館 新千歳 — 神戸 中部 など10路線
機材	ボーイング 737-800 (13機)	エアバス A320-200 (13機)	ボーイング 767-300 (6機) ボーイング 737-700 (8機)
従業員数	830人	789人	913人

(注)従業員数は2019年3月末時点

「北海道らしさ」に重点

「北海道の翼」を自任するＡＩＲＤＯは２０１８年１２月に就航２０周年を迎えた。羽田－新千歳の１日１２往復をはじめ、旭川、女満別、釧路、帯広、函館と羽田を結び、首都圏からの観光客や道民の足として利用されている。

同社の強みはサイズが異なる複数の機材を保有していることだ。通常、大手以外のエアラインは機種を小型機１種類に統一して機材メンテナンスや乗務員の訓練にかかるコストを削減している。

だが、ＡＩＲＤＯはボーイング７３７型機８機に加えて、座席数が２倍の同７６７型機を６機運用することで、路線や季節で異なる需要の繁閑に対応している。

国土交通省がまとめた１８年度の定時運航率（予定時刻から１５分以内に出発した便数の割合）は９０・７６％で国内１２社中３位。道内の空港が冬場の悪天候に悩まされるケースが多いことを考慮すればかなりの健闘だ。大橋裕二・ＣＳＲ企画推進室長は「定時性に裏打ちされた安心感」も同社のセールスポイントだと話す。

大型連休や夏休みなど空港が混雑する時期には、出発30分前に保安検査場を通過した乗客を対象に抽選でギフト券が当たるキャンペーンを実施。運航の各部門でも遅延便を減らそうと努力を重ねる。

羽田と新千歳の空港カウンターには、北海道の自然をイメージしてもらえるような木目調のデザインを取り入れた。搭乗手続きの省人化が業界の主流になる中、あえて空港の接客サービスを前面に出すことで他社との差別化を図る。

機内のドリンクサービスでは北海道産のタマネギを使ったスープを提供するなど、現地に到着する前から北の大地を感じてもらう工夫を凝らす。また平日夕方以降の出発便では、「ハッピーアワー」と銘打って缶ビールの「サッポロクラシック」（つまみ付き）を税込み200円で販売。ビジネス客へのアピールにも余念がない。

「この20年は北海道のブランドに助けられた。これからはAIRDOを通じて北海道をもっと知ってもらいたい」（同社広報）。AIRDOブランドがしっかりと認知されつつある。今度は同社が北海道の観光に貢献する番だ。

ビジネス需要を取り込む

真っ黒な機体がひときわ目を引くのが、北九州空港を中心に路線ネットワークを展開するスターフライヤーだ。機内の座席も黒の革張りで、タッチパネル式の液晶モニターと電源コンセントを装備。北九州に拠点がある企業などビジネス需要の取り込みに力を入れる。

同社が運航するエアバスA320型機の座席数は150席と、LCCよりも2割削減。乗客1人当りのスペースを広げ、機内空間にゆとりを持たせた。その分、本拠地の北九州空港が24時間運用であることを最大限活用し、早朝から深夜まで発着便を設定することで稼働率を上げている。

国内線としてはぜいたくな仕様の座席が売りだが、同社の湯浅淳一郎・営業本部長は「ハード面は時間が経てば他社に追随される」と慎重だ。実際、JALは19年9月に無料Wi-Fiと座席モニターを備えた新機材を羽田-福岡線に就航させており、機内設備面の優位性が脅かされている。そのため一層の差別化を図ろうとサービス面での「おもてなし」に注力する。

機内サービスでは、タリーズと共同開発したコーヒーにチョコレートを添えて提供する。ほかにミネストローネや福岡の八女茶といったこだわりのメニューをそろえる。どれを選ぶか迷っても「お代わりは自由です」（湯浅氏）。

マイレージの上級会員には、機内で販売するクリームリゾットのクーポンをアプリ上で配付したり、モバイルバッテリーや折り畳み傘を無料で貸し出したりしている。ユニークなイベントの企画にも熱心だ。松石禎己社長ほか社員有志が空港で利用客の靴磨きをしたり、抹茶を振る舞ったりしたことがある。台北発の乗客が北九州のローカルフード「資（すけ）さんうどん」の店舗で搭乗券を提示すると〝ぼた餅〟がもらえるキャンペーンも実施。湯浅氏は「台湾からの観光客に街を歩いて店に立ち寄ってもらいたい」と期待する。こうした取り組みが実を結べば、ぜいたくな座席だけでなく、サービスの充実でも評価されるようになるだろう。

デザインは女子旅を意識

同じ九州でも宮崎を拠点に大分、熊本、長崎、鹿児島と羽田を結ぶ路線を運航しているのがソラシドエアだ。さらに那覇からは名古屋（中部）、神戸、石垣などにもネットワークを広げ、九州・沖縄が地盤のエアラインとして成長してきた。

「ピスタチオグリーン」と呼ぶ優しい印象のコーポレートカラーを機体や客室内に多用している。同社便はレジャーや帰省での利用が多いため、女性客の割合が比較的高い。西尾敏・営業本部長は「色遣いを含めて機内全体を女性受けするものにしている」と話す。女性の利用を意識した化粧室もある。

ドリンクサービスでは長崎のトビウオと大分のユズを使った「アゴユズスープ」が人気だ。機内販売には熊本名物「ドーナツ棒」といった九州・沖縄らしい商品をそろえる。選定に際しては、候補を社員から募集している。自治体との連携にも力を入れており、「空恋プロジェクト」と銘打ち、1機1自治体に絞って機体にラッピングを施したり機内にＰＲ誌を置いたりと、魅力発信に協力する。

これまで20機以上の「空恋機」を運航した。「この取り組みに魅力を感じたので入社したいという、地域振興に熱心な学生も多い」（西尾氏）といい、人材確保にも効果をもたらしている。

宮崎と沖縄はプロ野球やJリーグの春季キャンプが集中するスポーツファンの聖地だ。だが、地域のスポーツ振興の面でも同社は独自路線を貫く。熊本・阿蘇の外輪山を走るトレイルランニングの大会「阿蘇ラウンドトレイル」は、フルコースだと約120キロメートルを駆け抜ける西日本最長のレース。「阿蘇の復興を目的とした大会趣旨に共感して協賛している」（西尾氏）。

宮崎県サーフィン連盟とは包括的連携協定を結んだ。サーフィン愛好家向けにボードの梱包材をプレゼントする企画も展開する。

こうした九州・沖縄各地での取り組みは、同社の認知度向上に少しずつ役立ってきた。しかし、「地元の方にもっと愛されるエアラインを目指す」と、西尾氏はさらに先を見据えている。首都圏へ手軽に移動する足として役に立てるかどうかが成功のカギとなる。

今後の成長に向け課題も

それぞれの地域に根差し、個性を生かすことでファンを着実に増やしてきた3社。だが、国内の旅行需要だけに頼っていると成長の余地は限られる。スターフライヤーは18年、北九州と中部から台湾への国際定期路線を開設した。AIRDOとソラシドエアもチャーター便の実績を積むことで本格的な国際線就航を視野に入れる。

3社が地盤とする北海道と九州・沖縄は、海外からの観光客にも人気のエリアをいくつも抱える。しかし国際線ネットワークが充実している大手エアラインと違い、外国人客に利用してもらうための機会は乏しいのが現状だ。

国内の就航先での認知度向上も課題だ。ホームグラウンドで愛され続けると同時に、「アウェー」での競争力を強化して成長につなげられるか。地域密着エアラインの挑戦は続く。

（橋村季真）

国際便の新規就航や増便に注力

続々民営化する地方空港の大きなメリット

「空港の利便性向上とは、何よりも路線を増やすことだ」。仙台国際空港の岡崎克彦・航空営業部長はそう強調する。東急グループや前田建設工業、豊田通商が設立した会社「仙台国際空港」による仙台空港の運営が2016年7月にスタートした。

国が土地などの所有権を有したまま運営権を数十年にわたって民間に委託する「空港民営化」は仙台空港が第1号。民営化に踏み切る空港の数はその後も着実に増えている。19年8月には北海道空港や三菱地所などから構成されるコンソーシアム「北海道エアポートグループ」が、新千歳など道内7空港の運営を一括して受託することに決まった。広島空港も21年4月の民営化を目指し、運営公募手続きが始まっている。

■ **国内主要空港の民営化が着々と進む** —国管理空港の民営化状況と乗降客数—

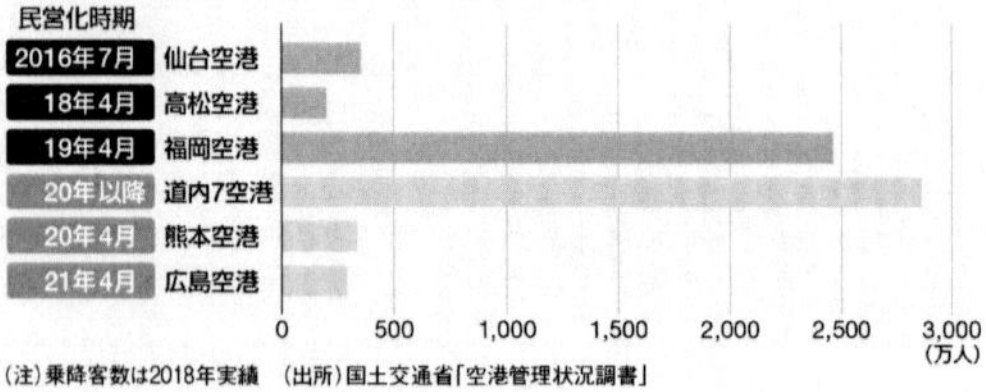

(注)乗降客数は2018年実績　(出所)国土交通省「空港管理状況調書」

それでは、民営化によって何が変わるのか。一口に言えば、運営事業者が主体的に空港経営を行えるようになるのだ。

空港事業は大きく2つに分けられる。1つは着陸料などを収益源とする航空系事業、もう1つはターミナルビル運営などからなる非航空系事業だ。これまでは、航空系と非航空系とで別個に事業が運営されていた。民営化後は管制や税関といった業務は従来どおり国が受け持つが、それ以外は基本的に空港運営会社が担うことになる。

航空系事業と非航空系事業を一体化して運営すれば、着陸料を割引して就航便増加を促進、割り引いた分は免税店などから上がる収益で賄うといったトータルでの利益追求ができるようになる。つまり、従前に比べて空港運営会社がより積極的に空港全体の経営を担えるようになるのだ。

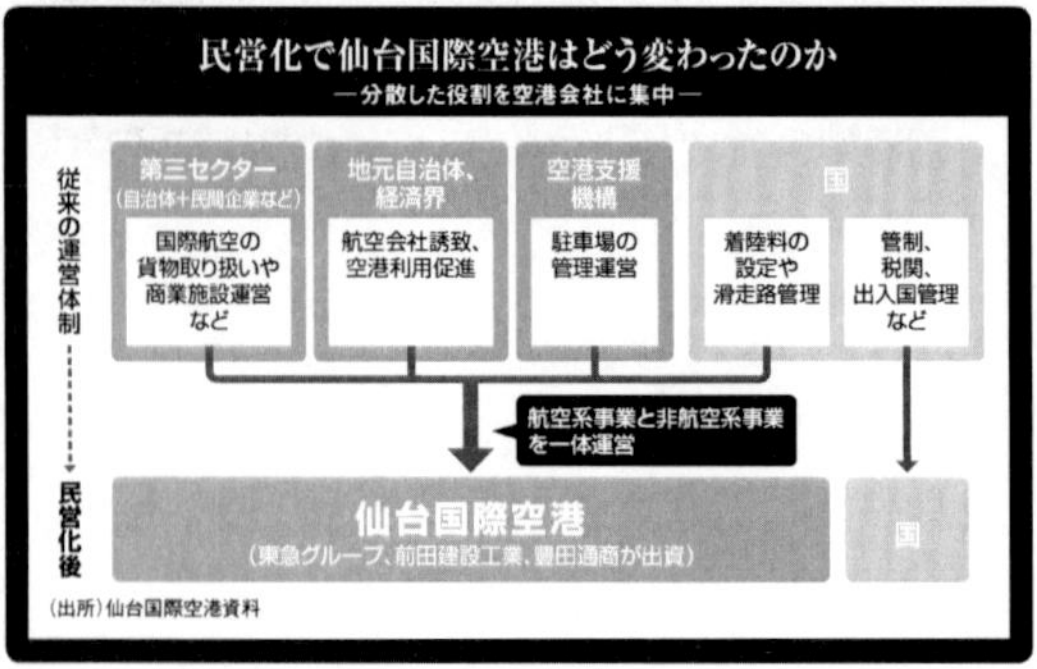
民営化で仙台国際空港はどう変わったのか
―分散した役割を空港会社に集中―
従来の運営体制
第三セクター
(自治体+民間企業など)
国際航空の貨物取り扱いや商業施設運営など
地元自治体、経済界
航空会社誘致、空港利用促進
空港支援機構
駐車場の管理運営
国
着陸料の設定や滑走路管理
管制、税関、出入国管理など
航空系事業と非航空系事業を一体運営
民営化後
仙台国際空港
(東急グループ、前田建設工業、豊田通商が出資)
国
(出所)仙台国際空港資料

実際、仙台空港では新規路線の着陸料を就航から3年間割り引いたり、乗客が少ないときは着陸料を安くしたりするなどのメニューが導入された。できるだけ航空会社の負担を軽減することで、新規就航や増便につなげたい考えだ。

民営化後、週2便だった台湾便が徐々に増加、19年7月には週19便にまで増えた。18年度の旅客数は民営化前に比べ、50万人増加。過去最多の361万人となった。10月末には念願のタイ路線の運航が再開するなど20年の総旅客数410万人の目標に向けて数字を積み上げる。

「これまで海外の観光客にとって東京の北というと北海道で、東北はインバウンドをうまく取り込めず、独り負けといわれていた」と、岡崎部長は振り返る。しかし、蔵王（山形県）や平泉（岩手県）といった観光地などを目当てに仙台空港に降り立つ訪日客は確実に増えている。仙台空港を起点とした観光客の動線は東北地域全体に広がり、「仙台空港観光圏」と称されるようになった。

仙台空港は仙台駅からアクセス鉄道で最短17分の好立地にある。だが、重い荷物を持って公共交通機関を乗り継ぐのは利用者にとって負担で、観光地に直接行きたいというニーズも根強い。そこで仙台空港は、空港から観光地までをバスで結ぶ2次交通整備にも注力する。

出国時の利便性も改善した。保安検査時に搭乗券の確認を行う従来のやり方だと、乗客が搭乗券を捜す時間で混雑の原因となる。そこで19年2月から、先に保安検査場の入り口で搭乗券の確認を行い、その後で手荷物検査などを行うやり方に改めた。新たに人員を置くためコストは増えたが、迅速に検査ができるようになった。

福岡は滑走路に制約

ほかの空港での民営化の状況はどうか。東南アジアに近い福岡空港は19年4月に民営化した。西日本鉄道や九州電力など地元企業でつくる「福岡国際空港」が運営を担う。

ただ、増便で収入を増やす仙台空港と違い、福岡空港は16年に国から混雑空港の指定を受け、新規就航便を増やすのは厳しい。少なくとも2本目の滑走路建設が完了する25年までは難しい。国際線ターミナルの増築などは滑走路完成までに終わらせる計画だ。運営会社の北中剛史・経営企画本部長は「最初の5年間は滑走路が1本なので旅客数は伸びない。そのうえ先行投資がかさむ」と話す。

将来的にはインドネシアやミャンマー、ラオスなど東南アジアを中心に新規就航便を増やしたい考えだ。福岡空港には、シンガポールのチャンギエアポートグループが参画。世界各国で空港運営を行っている同社の経験が生きれば大きい。

だが、その一方で空港運営には思わぬ落とし穴もある。イベントリスクだ。2001年の米国同時多発テロ発生時や02~03年のSARS（重症急性呼吸器症候群）流行時のように旅客数が落ち込むリスクをはらむ。13年12月に新規就航が決まった仙台－バンコク便もその1つだ。タイ国内で発生した反政府デモの影響で、同路線はわずか4カ月で休止した。

現在、空港関係者が頭を悩ませているのが日韓関係の悪化。とくに福岡空港は韓国便が多い。韓国からの旅客数は前年同時期と比べ、「8月は3割減った印象」（北中氏）。土産販売にも影響しているという。

空港事業は航空会社、鉄道、自治体などさまざまなステークホルダーとの調整が必要となる。そのうえ、政治情勢などが旅客数に大きく影響する。民営化の成否を見極めるにはもう少し時間がかかりそうだ。

（大塚隆史）

日本の「大甘検査」とは大違い

海外で厳格化する空港の保安検査

在英ジャーナリスト・さかいもとみ

世界のあちこちで凄惨なテロ事件が起こる中、空港の保安検査は、年を追うごとに厳格さが増している。

日本の保安検査場では、空港係員が丁寧な言葉で案内をしてくれたり、かごからはみ出した上着の上にわざわざ別のかごをかぶせてくれたりと、ほかの国ではとても考えられない「思いやり」のある対応をしてくれる。

一方、海外の空港ではどうだろうか。例えば英国の空港では、「上着を脱げ、ベルトを外せ、靴を脱げ」と命令口調で指示される。そのうえ、全身スキャンをする筒状の検査機が一般化し、「両腕を広げて3秒間待て」というスタイルの検査も珍しくなくなった。非常に小さな金属のアクセサリーや液体の小瓶などを見つけられるこの検査機だが、性能が高すぎて、一時は「下着まで丸見えなのではないか」という論議もあった。とはいえ、航空機テロを「水際」で防ぐためには、乗客を犯人扱いするかのような厳しいチェックもやむをえないのかもしれない。

液体物チェックのルールが厳しいことは言うまでもない。国際的には「100ミリリットル以内の液体物で、容積1リットル以内のビニール袋に入るもの」のみ持ち込み可と決まっており、ペットボトルや缶の飲料などは持ち込めない。ところが、日本の国内線フライトでは、アルコール飲料も含め、5リットルまで持ち込んでいいルールとなっている。各地の空港で販売されている酒類を積極的に売りたいとか、機内でお弁当などを食べる乗客への便宜のためなのかもしれないが、国際基準とは懸け離れた「ローカルスタンダード」。海外旅行の際に没収されないよう、気をつける必要がある。

高速鉄道でも手荷物検査

欧州では、テロ事件を契機に鉄道でも手荷物検査を導入する事態となっている。西欧の複数国を結ぶ「タリス」という高速列車がある。フランス製のTGV車両を用い、フランス、ベルギー、オランダ、ドイツを結んでいる。

このタリス車内で2015年夏、自動小銃で乗客を無差別に殺害しようとしたテロ未遂事件が起きた。このときは車内のトイレで「犯行準備」をしていた実行犯がドアを開けて出てきたところ、トイレに入ろうと待っていた非番の米海兵隊員が異常に気づき犯人を取り押さえた、という幸運から乗客は無事だった。

しかしこの事件を重くみたタリスの運行会社はその後、乗客に対して「列車の出発20分前には駅に到着してほしい」という案内を出し、パリなどフランス国内の駅で空港さながらの手荷物検査を実施した。つまり、「発車ギリギリでも乗れる列車の利便性」を損なってでも安全確保を優先する、という判断をしたわけだ。

フランスのケースでは、列車や駅によっては検査されないという状況で、飛行機搭乗時のような完全検査という形には至っていない。しかし、マシンガンを持った兵士が駅構内を巡回している光景から、テロへの危機感は十分感じられる。

タリスよりさらにチェックが厳しいのが、英国と欧州大陸を結ぶ高速列車「ユーロスター」だ。欧州域内を国境検査なしで通過できるシェンゲン条約に英国が加盟していないという事情もあり、乗車には国境審査が必要だが、改札を通過後、空港さながらの手荷物検査がさらに行われている。チェック用機械のベルトコンベヤーに荷物を載せ検査するのにはそれなりの時間がかかるため、乗客に対しては遅くとも発車40分前に出発駅で手続きを行うよう促している。ちなみに欧州の旅行に不慣れな日本人観光客は「1時間前には駅に行くように」とアドバイスされているようだ。

スペインの高速列車「AVE」では各駅での乗車時に手荷物検査が行われている。国内列車に乗るのに手荷物検査が必要というのは不思議な気もするが、同国はカタルーニャの独立問題をはじめとするさまざまな課題を抱えており、列車がテロの標的になる可能性も否めない。荷物の全量検査もやむなし、と理解すべきだろう。

最も厳しいのは中国

鉄道駅などでの手荷物検査の厳しさ、面倒さという点では、中国が筆頭に挙げられるかもしれない。ずいぶん前から国内列車に乗る際には必ず荷物のX線検査が実施されていた。2010年に上海で開催された国際博覧会を契機に、全国の多くの都市では地下鉄でも乗車時の手荷物チェックが行われている。上海の地下鉄は東京さながらの通勤ラッシュが日常的に起こっており、昼間時間帯の乗客の流動は東京よりむしろ多いくらいだ。それでも全乗客の手荷物検査はしっかりと実施されている。「そんなことをしたら、行列でひどいことになるのでは」と想像するが、市民もそこはしっかりと自衛。日々の出勤時には、携帯電話など必要最低限のものしか持たない。

中国では高速鉄道の各駅に手荷物検査用の金属探知機が置かれており、チェックを受ける必要があるため、やはり出発の30分以上前には駅に着いておきたい。上海近郊では10～15分間隔で列車が走っているにもかかわらず、駆け込み乗車は事実上不可能なのだ。

1000人を超える乗客定員を楽々収容できる待合室がいくつも並ぶ光景は、中国ならではのスケール。手荷物検査を終えた乗客たちが乗車を待つ待合室は巨大だ。日本の駅のスペースではこんな空間をつくるのは無理で、その点でも検査の実施は困難と考えざるをえない。

日本でも15年6月、走行中の東海道新幹線「のぞみ」の車内で、焼身自殺を図ろうとした男が放火、乗客が死傷する痛ましい事件が起きた。これを契機に、新幹線を含む列車乗車時における手荷物検査の是非を問う論議が巻き起こった。だが、これまで航空機搭乗の際に行うようなセキュリティーチェックは実施されていない。利便性と安全を同時に確保するのは容易ではない。利便性を犠牲にして安全確保を優先するという時代が日本に訪れないことを祈りたい。

さかいもとみ
旅行会社勤務の後、15年間にわたる香港在住中にライター兼編集者に転向。2008年から経済・企業情報の配信サービスを行うNNAロンドンを拠点に活動。

【週刊東洋経済】

本書は、東洋経済新報社『週刊東洋経済』2019年11月2日号より抜粋、加筆修正のうえ制作しています。この記事が完全収録された底本をはじめ、雑誌バックナンバーは小社ホームページからもお求めいただけます。

小社では、『週刊東洋経済eビジネス新書』シリーズをはじめ、このほかにも多数の電子書籍ラインナップをそろえております。ぜひストアにて「東洋経済」で検索してみてください。

『週刊東洋経済eビジネス新書』シリーズ

No.304 自動車 乱気流
No.305 不動産バブル 崩壊前夜
No.306 ドンキの正体
No.307 世界のエリートはなぜ哲学を学ぶのか
No.308 AI時代に食える仕事・食えない仕事

No.309 先端医療ベンチャー
No.310 最強私学 早稲田 vs. 慶応
No.311 脱炭素経営
No.312 5G革命
No.313 クスリの大罪
No.314 お金の教科書
No.315 銀行員の岐路
No.316 中国が仕掛ける大学バトル
No.317 沸騰！再開発最前線
No.318 ソニーに学べ
No.319 老後資金の設計書
No.320 子ども本位の中高一貫校選び
No.321 定年後も稼ぐ力
No.322 ハワイvs.沖縄 リゾートの条件

No.323　相続の最新ルール
No.324　お墓とお寺のイロハ
No.325　マネー殺到！　期待のベンチャー
No.326　かんぽの闇　保険・投信の落とし穴
No.327　中国　危うい超大国
No.328　子どもの命を守る
No.329　読解力を鍛える
No.330　決算書&ファイナンス入門
No.331　介護大全
No.332　ビジネスに効く健康法

週刊東洋経済eビジネス新書　No.333
新幹線 vs. エアライン

【本誌（底本）】
編集局　大坂直樹、森田宗一郎、橋村季真、大塚隆史
デザイン　杉山未記
進行管理　宮澤由美
発行日　2019年11月2日

【電子版】
編集制作　塚田由紀夫、長谷川　隆
デザイン　市川和代
表紙写真　尾形繁文、梅谷秀司
制作協力　丸井工文社

発行日　２０２０年４月１３日　Ver.1

発行所　〒１０３‐８３４５
東京都中央区日本橋本石町１‐２‐１
東洋経済新報社
電話　東洋経済コールセンター
０３（６３８６）１０４０
https://toyokeizai.net/

発行人　駒橋憲一

電子書籍化に際しては、仕様上の都合などにより適宜編集を加えています。登場人物に関する情報、価格、為替レートなどは、特に記載のない限り底本編集当時のものです。一部の漢字を簡易慣用字体やかなで表記している場合があります。本書は縦書きでレイアウトしています。ご覧になる機種により表示に差が生じることがあります。

本書に掲載している記事、写真、図表、データ等は、著作権法や不正競争防止法をはじめとする各種法律で保護されています。当社の許諾を得ることなく、本誌の全部または一部を、複製、翻案、公衆送信する等の利用はできません。

もしこれらに違反した場合、たとえそれが軽微な利用であったとしても、当社の利益を不当に害する行為として損害賠償その他の法的措置を講ずることがありますのでご注意ください。本誌の利用をご希望の場合は、事前に当社（TEL：03-6386-1040もしくは当社ホームページの「転載申請入力フォーム」）までお問い合わせください。